C'EST DIT

Claude Nougaro

C'est dit

nrf

GALLIMARD

Pardon Claude, ou plutôt pardon Orgaoun, ton double anagrammatique si présent dans ces poèmes qu'aujourd'hui je préface avec l'appréhension retrouvée du petit scribouillard que jadis tu prenais sous ton aile, à l'époque où, la nuit, nous aimions tant les villes, allant de périodes roses en moins douces périodes blues, gentils picassos de l'autour de minuit, droits comme des Vénitiens en barquette dans la houle de la vie. Pardon donc Orgaoun, pardon d'avoir fouillé dans tes affaires secrètes, en compagnie complice de ton amie Gisèle et d'Hélène, ton amour, Marcia, tu t'en doutes, n'était bien sûr pas loin, j'ai fouillé tes valises, éventré tes cartons, délacé les rubans de tous tes portefeuilles, fracturé tes carnets, tes cahiers, tes blocs-notes, mis au jour toutes ces choses que tu allais trier, plus tard quand ton big-band se serait résigné à faire taire tous ses cuivres. Et puis tu es parti, non sans crier gare, il est vrai, mais on croit toujours qu'on aura le temps de revoir ceux qu'on aime, du moins on s'en persuade, c'est idiot mais chez nous les rapports à la mort restent inconfortables. Toi, Toulousain cousin d'un minotaure miura, tu la provoquais dans tes derniers écrits en forme de véroniques, *ces passes de muleta qui éloignent le taureau après qu'il a frôlé les flancs du torero, ces derniers écrits destinés à* C'est dit, *ce livre accompagné d'un album tout en jazz qu'on voulait faire ensemble. Puis, après les banderilles des thérapies cruelles, l'estocade attendue et tout à coup le manque qui frappait Lamartine, ton collègue à présent, avec Ponge et Giono, Mandiargue et Gainsbourg, tes talentueux aînés dans cette collection qui accueille aujourd'hui tous ces inédits. Voilà, Orgaoun… Ou plutôt voilà, Claude… Après cette courte lettre au poète, un salut à l'ami tu vois, malgré tout, nous voilà réunis dans un livre, reliés par tes mots… C'était dit.*

David McNeil

7-1-72

Quel beau cahier ! Quel beau papier ! Sur les fils tendus rectilignes de ce fin quadrillé, ma plume va se poser, s'envoler, déposer encore — on sonne, c'est Jo, va falloir sortir le pognon — sa majesté le Mot. Ça y est. Les ratures commencent et même déjà l'envie de déchirer la première page de ce mirifique (ouvrir le Petit Larousse ? mirifique, qu'est-ce que ça veut dire ? merveilleux ? richissime ? somptueux ? Voyons : mirifique, « étonnant, merveilleux, surprenant »). Bon, bref, arracher l'épais feuillet de cet étonnant cahier. D'abord coûte que coûte, recommencer à écrire, sortir de cette écœurante atonie, apathie, paralysie mentale. Je ne peux quand même pas continuer à vivre de cette façon-là, regarder passer ma vie, chaque jour, de vie à trépas. Autour de ce hideux désœuvrement, partout, l'extraordinaire théâtre de l'action humaine rayonne de sainte salive, de spirituelle sueur — que j'écris mal ! Tant pis. L'important… L'important sera de provoquer, en suivant ces chaînettes d'encre, la rencontre avec quelques mots qui soudain enfin me touchent, m'éclairent, m'ouvrent un chemin où je respire un air bouleversant. Dimanche… « Dimanche m'attend. » Ô Jacques, où es-tu ? Ta mort, en juin 1965, annoncée par René Nan, mon batteur, dans l'Olds, entre deux profondes inspirations de hash fut une foudre dont — et allons-y ratures ! — Ta mort, Jacques, son éclair s'engloutit dans le corps cotonneux du chanteur alors qu'il roulait, ce matin-là, dans sa superbe bagnole, vers la côte de Nice, Cannes, Antibes. Et puis eut lieu l'inoubliable résurrection, d'abord annoncée par un sentiment de joie et d'attente mêlées, puis un soir, dans un restaurant de Monaco, le tiptop, ce souffle énorme qui me traversa la poitrine comme un « train dans un tunnel ». Et puis les joies féeriques, la « Visitation » vertigineuse, la clé d'or et sa chaîne si lourde donnée par Annick après ce 14 juillet où, revenant dans ma chambre du Martinez, j'exigeai que m'apparût un arbre de Noël. Ne saurais-je jamais raconter la réalité de cette folie ?

Je fumerais bien pour interrompre cet état de pétrification de ma pensée, cette inertie mentale, cette affreuse sensation d'exil, d'être chassé de moi-même, ce vide, ce silence, cette désolation de tout mon être. Mais je sais que la plante est désormais flétrie et je connais ses mortelles exhalations et ses promesses de fleurs à foutre au panier. Pourtant… *H* aspiré… tu fus le calumet vivant de la paix, de la joie. La joie, la joie, la joie ! accoucher la joie. Criminels tous ces jours et ces jours accumulés deviennent la vie, ma vie, décolorés, dépravés par l'inaction, la nausée du rien faire. Blême, muet, rongé de remords de mon inexistence, fabrique du dégoût de moi-même, incapable de mener à bien une décision… oh ça va. Arrêtons le massacre. Le remède, où est-il ? Puis-je me guérir tout seul de mon impuissance, ma faiblesse maladive ? Puis-je me soigner en me courbant le front sur ce cahier chaque jour et pour y pleurer devant le reflet de ma misère et pour m'y plaindre de ne savoir même pas aligner trois phrases où je puisse reconnaître les traces de cette sensibilité que je me crus attribuée pour témoigner de la beauté, de l'intelligence, de la splendide raison où plongent les racines de toute réalité fût-elle celle de la laideur, de la bêtise, de la folie.

Mercredi 12 janvier.

Réouverture du fameux cahier des charges et des décharges, je l'espère, à mon retour de la Pitié, à travers un Paris où crachine une pluie beige. Je voudrais pouvoir décrire cette visite à l'hosto, les bâtiments, la population pitoyable ou impitoyable de ce camp du Drap d'Os ? Deux personnels : les soignants et les soignés. Mais rien n'interdit les rhumatismes dans les articulations quinquagénaires de la matrone (chaque mot maintenant me fait ouvrir le dictionnaire pour en vérifier l'orthographe et le sens), non ce n'est pas matrone, dame romaine, âgée, respectable, ni gorgone, animal des mers chaudes formant des colonies arborescentes de polypes (voir qu'est-ce que c'est au juste qu'un polype) mais rien n'interdit les rhumatismes dans les fibres encrassées de la femelle ventrue, qui me placarde l'épaule d'une boue noire et brûlante. La mer est toujours la mer. La chair pas toujours. Ici, répugnante, accablante dans le torse aperçu d'une créature décharnée, et là, de nouveau, surgissante source de désir, chair à boire et à manger dans la minceur d'une jeunesse qui passe. Berceau de l'amour, prison

de l'horreur, la même substance fournit le poil dans le nez du vieillard et la toison de la jeune fille au menton pur.
N'arrête pas encore stylo. Que le mince jus de l'écriture ne sèche pas encore. La nuit s'annonce déjà, quatre heures vingt, par le néon plus vif du cinéma d'en face. Ne caille pas, stylo. Tellement besoin d'écrire que parfois je me mets à copier des pages et des pages d'Audiberti ou d'un autre, m'attelant à ce dérisoire devoir pour avoir au moins la sensation de la parole, pour obtenir un contact avec le langage, contact fantôme. Aujourd'hui j'ai un splendide poème… qu'il ne soit pas de moi me donne néanmoins quelque souci. La jalousie me torture quand je regarde composer les autres, le feu sacré aux mâchoires, l'incandescence de leur évidente fonction de créateur à leur front crépitant. Le néon s'allume, rouge, bleuté. La nuit est là. Le stylo toujours à la main, je ne te lâcherai pas encre maudite ! Le bec de la plume à trois millimètres de la surface blanche où Rimbaud devint Rimbaud.
Salut Stylo, Salaud, stylo.

Serions-nous jeudi. Jeudi je dis je te salue Mémoire. Ce soir, j'ai vu la gueule de Montand ! Yves Montand ! Avec lui, le musique Olle ! a des branches toujours vertes. À sa façon, il fut, est et sera à jamais un étudiant de la beauté. « Étudiant de la beauté », cette formule aussitôt prononcée, je la sens sujette à caution, à discussion sans fin et sans doute est-ce le sort de toute décision formelle d'être controversée. En tout cas, cette nuit j'ai été heureux, oui, heureux d'être en vie pour vivre. Des départs de chants me sonnaient aux oreilles du corps et du cœur, comme des évidences, des délivrances. Par exemple : Poète, poète, ah non ! Je ne suis pas poète. Ah ça non ! Si j'étais poète ma langue sonnerait comme une cloche de bronze... dans une église où la chaire est de chair ! Jeux de mots. Jeux du cirque.

Eh oui, j'étais dans un bel état cette nuit. Alcool, joints, tout s'éclaire quand on se noircit. Nuit blanche de toutes les couleurs. Et puis, j'ai fait le « bœuf » et ma foi je fus assez inspiré. Ah ! joie de chanter. Condamner la bouteille, je veux bien, mais dans la bouteille parfois apparaît, appareille un voilier et le vent dans mes voiles cette nuit, gonflé de promesses de délivrance, je ne lui cracherai pas dessus.

Vendredi, ventre gris. De nouveau abattu, atone. Cécile et son tendre petit visage pointu, aigu. Cécile sans père. Cécile sans homme au visage d'amour et de volonté. Je viens la voir comme un coupable, embarrassé, vite embarrassant sans doute. Cependant elle me voue un amour que mon abandon, des semaines et des semaines souvent sans un signe de ce père à la gomme, n'épuise pas. De nouveau la nuit raclant ses moteurs et le terne néon du cinéma des Ternes, à côté de la pharmacie, bourrée de « médecines » dont certaines, sans doute, ouvriraient mes serrures, mes cadenas, les portes blindées du Salut.

Les jours avancent avec leurs pieds gris et froids. Dimanche, vieux tambour major du brinquebalant régiment de la semaine.
Aujourd'hui lundi et toujours tristesse, sous-vie, ton geignard, absence... Ça va continuer jusqu'à quand ? Je n'ai pas fait l'acquisition de ces registres pour y enregistrer la quotidienne faillite de mes espoirs créatifs. Sinistre. Je ne suis pas là pour tenir le journal d'un désert. Je voulais, sur les pages de ces cahiers, plus robustes, organisées, cohérentes que mes feuilles volantes habituelles, écrire le Disque.

Le cercle chanteur enchanté. Le fameux conte rythmé où ressuscitent mes aïeux, mes dieux et déesses.
Le marteau-piqueur, percussionniste qui joue sur le bitume sa terrible partition. Ou bien, par rafales détestables, soldat mitrailleur à la conquête de son propre avertissement, mitrailleur à l'assaut d'un croûton.

J'ai pris le gros Mont Blanc
Celui qui a des pertes noires
Pour replonger dans le blanc
Mutisme de ce grimoire
Ma grosse plume d'or nage
En redoutant de se noyer
Dans les profondeurs de mon âge
Soixante et onze noyers
Je suis couvert de leurs feuillages
Mon rayon d'or, vous le voyez ?

L'éclat du Neuf

Il est à peu près minuit et demi. Tout ce jour, j'ai traîné, relisant les pages de ce cahier écrites il y a quatre ans exactement et je pourrais aujourd'hui peindre le même état, exprimer le même mal. L'Olympia arrive comme pour m'écraser.
Vite, bon Dieu, vite ! Allume ma tête, forge ma langue, investis mon souffle.

Marcia
Tu es là pourtant
Mon trésor dort
Marcia
Tout à l'heure, tu t'es réveillée et ne me voyant pas
Près de toi,
Tu m'as appelé d'une voix angoissée par le vide du lit
Marcia
Mais je suis là, mon amour

À côté
Lisant de l'Apollinaire
Espérant quelque transfusion poétique
Et que ces poèmes d'amour m'engrossent
Et que j'accouche à mon tour
D'une chanson pour toi Marcia
Derrière cette fenêtre jaune dans la nuit de
Paris
Débouche-toi mon cœur
En prononçant ce nom
Marcia
Marcia lumière

6-1-77

Une chanson à l'infini
d'un souffle neuf brisant les noces
qui nous font naître dans un nid
halluciné de becs féroces

une chanson puisée ailleurs
qu'à la mélopée de nos plaintes
mêlée aux hymnes fossoyeurs
dans le poumon des guerres saintes

une chanson calmant la soif
de nos soifs enfin inondées
et qu'une pluie enfin nous coiffe
d'une chevelure d'idées

d'idées dictées pour en sortir
de nos mariages, de nos divorces,
de nos bourreaux, de leurs martyrs,
de nos contrats, de leurs entorses,

de nos salams, salamalecs
au sommet sec de nos puissances
quand les enfants claquent du bec
dans la patrie de l'innocence

J'ai soif
                soif

Et je mourrai de soif sans voir
des mots de la noire caravane
atteindre le clair abreuvoir
et la chanson ouvrir ses vannes

Le soir
devant mon miroir
je défais mes stress

Ce sont de longues tresses de tourments
noires comme l'ébène
du charbon luisant
où des étoiles se promènent
le soir devant mon miroir
je défais mes stress

Comme une déesse
Comme une démone

Douche
Bouche
Souche
Crachin
Le Mal est blanc
Noir est le mâle
Gouttes
Soute
Voûte
Feuillages
Eau lourde ô gourde
Caoutchouc
Moite
Boîte
Ouate
Humide
Humus
Rires
D'ivoire
Masques rictus

Vasques
Vaste
Temps gris
Grigris
L'amour passe
Ici-bas
Calebasse
De Sida
Flotte
Motte
Crotte
Et sur
Tout ça
La voix
Chiasse
Chasse
Race
La glu sanglot
Le flot
La fille soumise
De Julot
Des Églises.

Le 28-10-86
Douala, chambre 931

Un recueil de poème :
Coup de Solai

Un jour lointain, un soleil brille encore
Où ? C'était à Nice
Quand ? C'était en août
J'arrivai en Oldsmobile
Par l'autoroute du Sud
Voici les premières plages de la ville
Côté ouest
La marmaille batifole.
Pâtisserie de chair humaine
Dans le fournil du flot.

Les cactus du Mexique
aiment serrer ma main
mon sang gicle carmin
désaltérant supplice
Les cactus du Mexique
savent percer mon vin
ainsi je continue
titubant et mystique
l'ivresse fantastique
des cactus du Mexique

Château Costeraste, 15 heures.
La guêpe était tombée dans mon verre de ratafia. Ramenée sur la berge à l'aide d'un Roller 3 mm. Elle doit voler maintenant en hic-zags. Suis sur la table de pierre ronde, rongée, cerclée de fer rouillé, devant l'admirable vallonnement doré, avec la lumière, les ombres douces et complexes, les mises en plis, les bronzages, les minuties du ciel, les rousseurs des cuisses de la Terre. C'est du Vinci. Dans les bleus de leur traversée, les nuages voyagent, voiliers du ciel. Alors elle vient, la chanson ?

Premièrement des paroles simples
Deuxièmement une histoire simple
Troisièmement encore plus simple
Quatrièmement une situation suffit.
La chanson ce n'est pas de la littérature

Chaque mot, un acte.

En face, passent les rapides Paris-Toulouse, Bordeaux-Paris.

J'ai le soleil plein phare sur le profil droit.

Mardi 25 octobre

Je marche dans le Quercy
vallonnements arborescents
et lacets qui se mettent en
4 et même en 8
Hêtres, chênes, ormeaux
envols d'oiseaux, troncs
moussus, bottes fourbues.
Inspiration, expiration.
Le ciel doucement se colore
d'or et d'humide azur.
La terre du Quercy
est parsemée de pierres,
aride terroir,
rude patrie.
Novembre en Quercy
une feuille tombe, lettre à
la poste du Passé.
Qu'est-ce que le futur antérieur ?
Un, deux chiens aboient
Mon cœur bat comme une biche.

Parfois, comme là, le sentiment
de scènes déjà vues, vécues ?
j'ai tout de même la frousse
d'être accroché par ces gueules sur
Champ de châtaignes et au haut
de cette côte, reviens sur mes pas.

La bouteille vide
le cendrier plein
de quoi tu te plains
petit homme avide ?

Je me plains, aride
de l'ivraie sans grain
obscur pèlerin
dans la nuit sans guide

hormis une femme
qui me suit partout
pour porter la flamme
qui vacille au bout
de l'ultime dune
lit pur de la lune

Bungalows

Du Bungalow 3
au Bungalow 4
on fait 3 pas
peut-être 4

Dans le bungalow 3
brûle un beau feu dans l'âtre
dans le bungalow 4
il fait froid

Dans le bungalow 3
Sinatra chante un beau slow
Dans le bungalow 4
Pas un mot

Dans le bungalow 3
un couple va s'ébattre
Dans le bungalow 4
on essuie les plâtres

Du bungalow 3
au bungalow 4
on fait 3 pas
peut-être 4

Dans le bungalow 3
l'ébène et l'albâtre...
Dans le bungalow 4
le plâtre et le plomb

Dans le bungalow 3
le nez droit d'Hélène de Troie
Dans le bungalow 4
le nez cassé de Cléopâtre

Dans le bungalow 3
que demeure la joie !
Dans le bungalow 4
le drame est un théâtre

Du bungalow 3
au bungalow 4
on fait 3 pas
et l'on s'arrête

Dans le bungalow 4
(à côté du Sunset)
un type enjambe 4 à 4
la grille du bungalow 3, aussi sec

Sauve-moi Sauve-moi !
dit le mec du bungalow 4
au mec du bungalow 3. Alors miracle !
Ils tombent oubliant amours, contrats
dans leurs bras combats

Moralité
Mieux vaut vivre en courant
que mort alité
que moralité

Du bungalow 3
au bungalow 4
on fait 3 pas
peut-être 4…

Le bicycliste

Roule, roule, mon doux papa
Dans les flammes de l'au-d'ici
Roule, roule !
Ton voyage au bout de la nuit
Né pas, né pas
N'est pas fini
Roule papa, le chien nous suit.

Bonjour Papa, c'est encore moi
dans ta baraque, ta paillote
tu es mort, y a quatre ans déjà
L'Ici-bas fait de l'Au-delà
et le sang ça fait du sanglote
Bonjour Papa, c'est encore moi
Je te revois de dos, assis
sur le bord du lit, dans ta chambre
Tu es seul, ça sent le roussi
sur tes épaules, il pleut des cendres

Dans une église

Par un après-midi torride
dont cette ville a le secret
je suis entré dans une église
il y fait frais

Comme un pécheur très solitaire
je me suis installé au fond
loin de l'autel et du mystère
fleuri d'épines sur le front

Car je n'en fais aucun mystère
la croyance et moi ça fait dieu
Pour croire au ciel, j'ai trop de terre
dans les yeux

En tout cas j'étais dans l'église
La Daurade pour tout savoir
Que voulez-vous que je vous dise
m'apparut la Vierge Noire
La Vierge Noire

Dieu me filme

J' suis p'être mégalotissime
mais à travers cimes, abîmes
j'ai l'impression que Dieu me filme
C'est une impression hallucinogène
de croire qu'un tel metteur en scène
m'entoure de caméras sublimes
Dieu me filme.

Dans une ville rose
comme une Cadillac
j'arrivais un matin
j'avais l'humeur morose
et ma vie en vrac
tournant à la névrose

Chagrin d'amour

Y a rien de tel qu'un chagrin d'amour
pour inspirer musiciens et troubadours
Oh… dans les débris d'un cœur brisé
Oh… des chansons éternelles se sont cristallisées
les larmes sont dev'nues des perles

Y a rien de tel pour la voix d'un merle
que son oiselle lui joue les pires des tours
oh ça donne des ailes un cœur lourd
Y a rien de tel pour pousser la chanterelle
qu'un cruel chagrin d'amour
Y a rien de mieux pour les chants les plus beaux
Que d'en baver des ronds de chapeau
Y a rien de tel qu'un amour qui s'éloigne
comme l'écho s'éteint aux pierres des montagnes

J'aim'rais pas chanter
Une chanson d'adieu
Les choses qui se quittent
C'est pas fait pour les Dieux
J'aim'rais peut-être
Un tonnerre de bravos
Et dans cet orage
L'éclair d'un sanglot
J'aim'rais bien gagner
L'espace d'un instant
Contre un cœur battant
J'aim'rais que des mains
M'aiment et me soutiennent
Et j'aimerais bien
Que ce soient les tiennes.

Je t'emmènerai dans un château fort
perché comme un oiseau de pierre sur l'Ar-
dèche
eau-forte l'hiver, l'été, huile d'or
On y vit en seigneur entre l'Art et la dèche
L'église est le seul endroit où ça pèche
mais sans cloches, que feraient les mariés, les
morts ?
Je leur préfère le bruit des eaux fraîches
et l'instant tressaillant de la truite qui mord
le clocher pond ses heures, l'arbre ses châ-
taignes

Sous le globe du ciel
la cloche de l'église
va sonner les huit coups
Il fait encore clair
et la soirée s'allume
Il fait encore clair
sous le globe du ciel
La cloche de l'église
balance les huit coups
un à un, ils s'allument
un écho puis plus rien

L'instant du passé pressé.

Ah que genêts
que genêts
que je naisse
au jaune des genêts
à l'or de la jeunesse
Ah que genêts
que genêts
que je naisse

Ah que genêts
que je genêts
que je naisse
auprès de toi, mon Ève
La pomme pour mes dents
Pousse-moi, douce, pousse
Pousse-moi comme avant
Ma vieille sève
Aux jours de l'innocence
Au jaune des genêts

Ah que genêts
que je genêts
que je naisse

Notre Dame de Faste
étale ta main vaste
sur mon front que dévaste
je ne sais quel chagrin

Ô ma très Bonne et très Belle
tu m'entends je t'épelle
là devant la chapelle
où venaient les marins

Fatigués par les flots
les nausées à tribord
ils y trouvaient un port

Ou peut-être un îlot
un îlot au trésor
l'âme en paix dans un corps

Alors il m'arrive de fermer les yeux
et d'invoquer mes dieux, le dieu
Jazz par exemple et sa voix
de sirène qui me fait signe
comme un phare dans la nuit

Au fond, un piano à queue c'est une île noire
avec sa plage blanche baignée de rouleaux de
musiques.
Il suffit.
D'autres peignent au piano.

Trois petits tours sur terre

Un tour pour l'amour
Ça vaut le détour
Un tour pour la haine
C'était pas la peine
Et le dernier tour
Le plus con des trois
En chemin de croix

Le poids, la voix, l'esprit

J'ai retrouvé le tableau clair
Le sable blond, le bleu de l'air
La dentellière de Vermeer
Brode les vagues de la mer

J'ai retrouvé le clair tableau
Les bleus divers de l'air, de l'eau

À Hélène Bagarry

L'océan est baveux
un chien qui a la rage
L'océan est furieux
un fauve dans sa cage
et son bourreau le vent
qui fait siffler son fouet
et mon cœur, là-devant
le sais-tu ce qu'il fait ?
Il bat, il bat, il bat
que sait-il faire d'autre
pauvre âne sous son bât
Dire des patenôtres ?
Hein ? prier l'Infini
pour recevoir l'aumône
d'une once de génie,
encore moins, une aune ?
C'est ainsi que je ponds
en attendant mes douches
un baiser sur ton front
tes yeux, tes mains, ta bouche

C'est un état inconfortable
que de naviguer indécis
entre l'Agnus Dei
et l'anus du diable

C'est un état inconfortable
que de naviguer indécis
entre l'anus du diable
et l'Agnus Dei

Audiberti, pépite d'or, Gange, gangue
avocat du Divin, dandy, père prieur,
paradoxe crucial, crucifié rieur,
Maigret métaphysique, mystique chef de gang

Audiberti est mort un jour dans le journal
Je n'avais pas été à l'hôpital
J'avais peur de ce souffre-douleur
de me mettre à genoux, mouiller sa main de
pleurs
Comme un fils aimant trop tard, trop mal

Il en avait marre de cette vie qui crève
cette bulle de sang de concerts, de cancers
Ah ! faire un autre rêve
sans chair

J'appris qu'il était mort à bord d'une
Oldsmobile
René Nan, mon batteur me le dit

une saisissante odeur de paradis
envahit aussitôt mon essence olfactive

Plus tard, il s'engouffre dans mon plexus
solaire
véritable train fantôme d'acajou
un ruissellement envahit mes joues
J'ai sangloté de joie dans la nuit vers la mer

Depuis, Jacques et moi, on est intimes
Y a son poster dans ma cuisine
qui me surveille, mon petit
je relis l'Abhumanisme,
j' m'évente d'Audiberti

Blues

Baudelaire l'appelait le spleen
Ma grand-mère l'appelait cafard
et moi je l'appelle pas
il sait venir tout seul

J'aim'rais bien des gosses
Qui n' m'aient jamais vu
Pour qu'à la fin
Faire mes débuts

J'aim'rais bien gagner
L'espace d'un instant
Mon éternité
Contre un cœur battant

J'aim'rais bien qu' des mains
M'aiment et me soutiennent
Et j'aimerais bien que ce soient les tiennes

Et brûler les planches
Et partir en moto
Tes bras sur mes hanches
Vers d'autres rideaux...

L'oiseau de bonheur roule sur Toulouse. J'ai envoyé par fax à Boccard de Troyes la formule que voici : « Nougaro débouche ses Nuits de Champagne. » Le fax ne marche pas me dit la faxiste. Il se perd dans un embrouillamini de sonneries affolées. À la télé, j'allume, magnifique essai des Toulousains qui mènent la danse devant le Stade français. Le rugby. L'ovale de son visage enthousiasma le rugbyman qui ne rêva que de l'avoir entre ses maings, un ovale de Sainte Vierge, putaing ! Je déconne sur les lignes roses. Stade toulousain 19, Stade français 9. Il pleut à Charletty ; pelouse glissante. Des ordres roulent, des mêlées fument. Christian La Bite est ravi. Je vais déboucher une Plancoët avec une mouette sur le *e*, s'il vous plaît. Je tiens dans ma main gauche la fraîcheur de la bouteille d'eau en cellulo. Je craque le bouchon bleu, je verse l'austère liquide dans un verre, ça se boit mieux. Je bois le lisse boa vertueux. Une chanson qui s'appelle joueur de mots. J'en connais qui jouent du piano, quatre-vingts (?) touches noires et blanches et là leurs dix doigts qui s'épanchent. Des *ré* de rêve, des *do* superbes vus de dos.

J'en connais qui jouent du piano
Moi, je suis un joueur de mots, joueur de mots
Ça m'a pris quand j'étais marmot
Le Stade français revient dans le match : cinq minutes à jouer.
Pas doué pour les jeux de billes, les mécanos, vous connaissez ?

Quiberon
samedi 6 juin 1998

Samedi 30 mars, demain cette imbécile d'« heuredeté ». Le temps sur horodateur. Contredanses pour les montres mal réglées. Ta pendule à la fourrière.
À sept jours du 6 avril, j'ai toujours aimé le bruit que fait ce mois. On dirait que ça craque pour s'ouvrir sur du joli. Un verre de vin, c'est joli aussi. Je sens pousser un tire-bouchon, malgré Marie-Jeanne qui volute dans mes doigts.
La tapisserie de l'eau de Garonne glisse ses croisillons de bronze ourlés de l'or d'un soleil encore ardent. Dans un glissement de nuages humides il me regarde penché sur mon Parker qui tente…
Ça y est. Dans un précipice de ciel, le soleil me foudroie le front. Il me couronne. Il me sacre. Il incendie l'eau. Ça scintille de partout. Sur ce tapis de diamants brûlants, je verrais bien une silhouette bien connue, qui

marche les pieds nus, monte sur le quai, traverse la rue et sonne au 112. Je pourrai lui réciter mes Fables de ma fontaine, ma « rédaction ». Je vois le tableau. Mon enfantine ronde.

Bleuet

Ce jour-là le soleil était seul sur terre
Seul dans le bleu, partout, partout
On eût dit qu'il faisait la roue
Dans ce rayonnant suaire
J'étais le seul moi aussi
Et presque, presque au bout
Du chemin de la vie
Qu'est-ce qu'il y a donc là-dessous ?
Cultive-t-on les roses
Sous les paupières closes ?

La mort est une lame
Qui ne bronche pas quand elle tranche la vie
Tue-t-elle jusqu'à l'âme
Absolu trépas ?
Pas sûr, azur
Dans ce trou noir et muet
Nous gardons la mémoire
D'un bleuet

27 décembre 2003

Amsterdamer

À Caussimon

À bord d'une volute
D'Amsterdamer
On se fendait la pipe
Comme deux loups d' mer
La mer casse ses flûtes
de champagne salé
La mer, c'est mon type
Me dit Jean-Roger

Poème pour un Père Noël vert

Qu'importe le flacon pourvu qu'on ait l'ivresse
Qu'importe le flocon pourvu qu'on ait l'hiver
L'hiver que nous aimons, l'hermine de caresses
La luge de Jésus dans son cache-nez vert
et des enfants rieurs joyaux de l'univers

Me revoilà, pitié ! à la Salpêtrière.
Mes plaquettes me plaquent et mes globules font
Pâles figures aussi, nonobstant les prières
Adressées au Seigneur près du cierge qui fond
Me revoilà accroc aux tiges de potences
Chambre 5 attendant de rouges transfusions
Des médecins charmants pétris de compétence
Ne semblent pas douter d'une heureuse conclusion

Sur mon étroit plumard, dans la chambrette jaune
Jusqu'à demain matin, je demeure cloué
Mis à part ce cahier où je change de zone
Je délivre ma plume quand je suis écroué
Pour voir la poésie traverser la fenêtre
Et me prendre la main, la pauvre main d'écolier

Essayant en tout cas, d'écrire quelques lettres
Qui soient dignes enfin d'un enfant oublié
De mes globules à moi aux globes de l'espace
Qui percera le mystère qui les unit

De mon corps ténébreux jusqu'à l'immense
  nuit
Plongeant dans des trous noirs
Sans laisser nulle trace

C'est pas croyable, je deviens beau
Enfin, je trouve
Il est vrai que dix-sept kilos
En moins ouvrent un Louvre
Où mon miroir devient un séduisant tableau
Émacié, ventre plat, dissous le petit gros
Ses poches de soiffard, son menton double
Voici l'onde claire après la trouble
Voici venu ce jour qui repart à zéro

le 25 août 2003

J'aurais aimé des jambes longues
pour valoriser mon beau cul
J'aime tellement la forme oblongue
et je suis tellement trapu

Pavane à Ravel

Elle vient de Saint-Jean-de-Luz
Cette muse
Aux yeux noyés de nuit
Parmi pécheurs et méduses
Déployant ses voiles, à croire
Toujours qu'elle me suit

Sur une pavane de Maurice Ravel
Elle sait me trouver
Ma fidèle et douce amie
Pas besoin que je l'appelle Mélancolie
Elle a mille façons d'être câline
Pour Miles Davis, le blues
Pour Baudelaire, le spleen

Ravel, dis, combien d'artistes
Sont morts
Célèbres ou maudits
Combien sont sur la liste
Des amours tristes de la Mélancolie

Sur une pavane de Maurice Ravel
Elle sait me trouver
Ma fidèle et douce amie
Pas besoin que je l'appelle
Mélancolie

Rimski-Korsakov

Viens dans mon lit
Dans mon grand lit, chérie
Les draps y sont doux
Comme la soie de la mélancolie
Viens dans mon lit, chérie,
Tous les deux réunis
dans le nid de nos bras
Avec nos beaux draps
Nous ferons gonfler des voiles
les étoiles de tes yeux
seront nos guides

Viens dans mes traversées du désert, je te ferai aimer le sable.

Les traversées du désert, j'en ai connu mais j'aime le sable.

Ma femme est une vraie licorne
Elle est très douce et très pointue
À part la sienne, pas de cornes
La licorne ne fait pas de cocus

Mon cœur en peau de cuir, de corne
Devant son regard a fondu
Elle m'a fait passer les bornes
Vers un amour tout simple et nu

Pardon aux femmes de ma vie
Je ne dois pas être un piège sans fin
Bonjour le navré, adieu le ravi
S'aimer toujours, voilà la norme
Quand on séduit une licorne
Dans un bois vert ou dans la neige

Je l'aime

« Je vais lire *l'Équipe* au soleil »,
me dit-elle
Elle préfère le foot aux dentelles
Je l'aime

Ce garçon manqué
Qui a trouvé le moyen d'être une femme
réussie
Au Brésil, même en Russie
Où Satan sait que les femmes sont belles
Y a pas de mais, y a pas de si
La seule unique, c'est toujours elle [refrain]
C'est toujours elle la prunelle
Sur cette terre et dans les cieux
C'est toujours elle la prunelle de mes yeux

L'amour a ceci de mystérieux
Que jamais il ne dit adieu

Malgré les sabliers, leur sable
Le mot fin lui est impensable

« Je vais lire *l'Équipe* au soleil »,
me dit-elle
Elle préfère le foot aux dentelles
Je l'aime

[chanson parlée, leitmotiv tra la la]

Tous les poissons d'avril
De l'océan Indien
Et toutes les étoiles
Dans la nuit de Saint-Gilles
Tout passe, le bon et le mauvais
Adieu le temps, adieu l'espace
Je m'en vais

Samedi 21 avril
58e concert

Je me souviens de mes balades
Quand je pouvais encor marcher
Je me souviens de mes ballades
Quand je pouvais encor chanter

Je raconte pas de salades
J'allais chez moi au marché
Je revois encore mes gambades
Devant l'étal des Maraîchers

Où je chantais des sérénades
Devant les poissons frais pêchés
Je faisais valser les salades
Quand je savais encore marcher

Ne marche plus que dans ma tête
Pleine de poils, poils à gratter
Quant à chanter, fini la fête
Adieu les filles qui me fêtiez
Adieu public, adieu orchestre

Boum Boum Boum

Sur une croix qui se tord de rire
Je me ferai clouer par des clowns
   Boum Boum Boum
Ribambelles d'enfants qui délirent
Devant ce Golgotha super-boum
   Boum Boum Boum
Que n'échangerait contre un empire
Le Cirque d'Hiver Bouglioune
      Boum Boum Boum

J'interprète le Monsieur Loyal
Qui impassiblement déguste
Les coups du marteau de métal
Que lui distribue son Auguste
Dans le civil André Minvielle
L'artisan méta-vocaliste
Jouant la guimbarde, la vielle
Sur des rythmes surréalistes
      Boum Boum Boum
Ça c'est l'artiste

Dans un film péplum, cuirasses, piques
Moi vêtu d'une livrée de groom
   Boum Boum Boum
Dans l'ascendeur d'un ciel froid qui pique
Chaise électrique, c'est parti, vroum
   Vroum Vroum Vroum

Qui de l'as de cœur à l'as de pique
Aura le fin mot, capharnaoum

Est-ce que je me couche, est-ce que je me
lève ?
Dans le vague des souvenirs brouillés.
Ma vie a passé comme un rêve…
Est-ce à dire que mourir, c'est se réveiller ?

Frénétique espèce, avec quel entrain
L'on se prend au jeu et l'on met la gomme
À perpétuer la race des hommes
Et l'amour à grands coups de reins

Au vrai amour si l'on était enclin
La vie tout à coup serait impossible
Ce que l'on voit est tellement horrible
Que l'on en mourrait de chagrin

L'enfer inhérent poursuit son train-train
En wagons plombés à coups de cravache
Chacun dans son coin lève un œil de vache
Et regarde passer le train

Méli-mélo mélodie

La vie est un mélo
Elle adore les drames
Une Ophélie dans l'eau
Des Jeanne d'Arc qui crament
Des enfants qui s'enflamment
Là, la vie prend son pied
Elle adore l'art pompier

La vie est un mélo
Il faut qu'on chie des larmes
Autrement, c'est zéro
Ça n'a plus aucun charme
Les sirènes d'alarme
Sillonnent le quartier
Pompiers ! pas de quartier

La vie est un mélo
Mélo, mélo, mélodie
Ô dis dis dis, sors-moi
Sors-moi de ce mélo

De ce mélo maudit
Ce méli-mélo

La vie est un mélo
Elle s'allume de larmes
Chaque vache, chaque veau
Nous voit passer, en armes
Dans notre train fantasme
Direction catastrophe
C'est ainsi, ô mon âme,
Que je finis ces strophes
Qui marchent sur six pieds
C'était mon art pompier.

Paris
le 13 avril 1999

Bijoux Bougies

Sur la console d'acajou
Tu allumeras toutes les bougies
Moi j'aurai mis tous mes bijoux
        L'incendie
Ça scintillera de partout
Toutes ces bougies, tous ces bijoux
Sans oublier l'argenterie
        Le feu aux joues
Mais attention allons-y mou
C' n'est pas encor l'heure des folies
Trinquons d'abord à nos amours
        À la vie

Bijoux bougies bougies bijoux

Tu auras mis un Count Basie
Pour Jazz-bander sur des bisous
Doucement allumer ta bougie
        Mon bijou
Mais pour la baise, oh que nenni

Au creux du cou fais-moi un nid
Sur le tapis de tes poils roux

        Roudoudou

Bijoux bougies bougies bijoux

Ensuite ce n'est pas par hasard
Si j'ai préparé le caviar
Celui avec les gros grains gris
        Gros grain gris
Suivi de près d'un pur foie gras
Pour que tu aies toujours la foi
En ce qui concerne la ga
        Stronomie

Bijoux bougies bougies bijoux

Les vieilles de notre pays

J'aime de plus en plus les femmes mûres
Pour ne pas dire les vieilles dames
Oui à mon jeu d'échecs
Je préfère aujourd'hui mon jeu de dames
C'est beaucoup plus clair
Une fois apaisés les feux de la chair
On peut même s'aimer comme on ne sait pas s'aimer
quand l'appât de peau électrique
et soyeuse fait dresser une tige au sommet des joyeuses.
D'ailleurs ça tombe bien
J'ai l'âge où les jeunesses
ne tombent pas rôties dans le canapé bleu

Mourir de vieillesse
La belle maladie !
Mourir de vieillesse
C'est le paradis
C'est le paradis quand sonne son heure
Entouré d'amis qui pleurent
Et d'enfants qui rient

Mourir de vieillesse
Peut-être dans son lit
Une grande paresse
Qui vous envahit
Avec dans sa main
L'autre main maîtresse
Celle de la femme de sa vie
Mourir de vieillesse
La belle maladie !

Mourir de jeunesse
C'est pas mal non plus

Mais ça fait de la peine
Les tôt disparus
Quoiqu'on aime ça
James Dean, excès-terra
Mourir de vieillesse
Je trouve ça mieux
D'abord c'est plus sage
Plus de mon âge
Les larmes sont pas les mêmes
Dans les yeux des gens
Elles coulent de source
La source d'argent
À la lointaine
fontaine

L'eau vive a une peine
Qui fait plaisir à boire
Pour mourir de vieillesse, un matin
Un beau soir

Paziols
le 25 mai

A capella

Je viens dire des mots
Des mots nus, sans musique
Les mots ont aussi la leur

Et certains animaux
Parlent, en mosaïque,
Des langues de couleur

Je vais dire des mots
Je tâte le silence
Je sens votre présence
Le mur du son est haut

Soit, à l'œil et au doigt
J'obéis au tempo
Sur la peau de mes mots
Sur la chair de ma voix

C’est dur
Parfois le français
Pour le faire glisser
Sur la peau de l’âme

Marseillaise

J'ai rêvé d'une Marseillaise
Vivant en paix près d'un vieux port
Des aurores pour ses falaises
Pour la mer encore et encore
Pour la mer des crépuscules d'or
Entendez-vous la batterie
Les cymbales du soleil levant
La musique pour seule patrie

Les hommes veulent tout comprendre
Ils ont bien tort
Moi je préfère vous entendre,
Mystères d'or
Aucun savant ne peut pourfendre
Vos coffres-forts
Le scaphandrier tombe en cendres
Dans l'eau qui dort

Le mérinos

Y en a qui traîn'nt la patt'
Y en a d'autres qui bondissent
Y en a qui graiss'nt la patte
Pour obtenir dix sur dix
Y en a qui roul'nt la pâte
Avant de la mettre au four
Y en a qui donnent la patte
Avec des yeux de velours

Et y en a qui se débattent
Dans la pire adversité
Y en a qui se combattent
À grands coups d'atrocités
Y en a qui s'idolâtrent
Y en a aussi qui s' haïssent
Y en a qui s' laissent abattre
Et y en a qui font oh ! hisse !
Y en a de tout pour faire un monde
À chaque seconde
Y en a de tout sur les ondes du cosmos

Laisser pisser le mérinos
Doux mouton à la laine fine
Pisse, pisse, douce urine

23 janvier, début d'après-midi
au Cocobolo

Mes pieds à l'autre bout de moi
Ô pieds ! je vous salue bien bas
— Pourquoi cet hommage émouvant ?
— Un jour, j'irai les pieds devant

Sans les nuages, le ciel serait accablant.
Un chant liturgique en latin de nuages
pour célébrer un Dieu évaporé.

Dans l'air, un troupeau palpitant d'hirondelles,
comme un seul corps éparpillé.

En fin de compte, je suis bien ce que je pressentais :
un poète naïf, naïf de m'être cru poète.

Toujours, dans ma vie, le sentiment d'être à
côté de
moi, évincé de moi, hors-je.

Il me fallait ça.
Une mise à nu.
Une mise à mots
Une mise à nu des mots
Avec les mots, on enlève sa
Chemise… puisqu'il est question
Du cœur, faut le sortir, cœur de la chose, de cette chose que tant de bouches, de louches de bouchées, de bouches, trompettes bouchées de langue ont balbutié
depuis les premiers mots jusqu'aux derniers.
Ce sont les mêmes finalement :
aïe, aïe, aïe, ouille, ouille, ouille.
Aïe Aïe Aïe Ouille Ouille.

Quel est ce fauve blanc
couché le long d'un fleuve,
ce fauve gris et blond
C'est Lyon
C'est Lyon

Quel est ce fauve blanc
couché le long d'un fleuve,
quel est ce fauve gris
quel est ce fauve blond

À son flanc
permet-il
qu'un Toulousain
s'abreuve
Dis veux-tu, Lyon ?

La rue marche
Rue Galande
Les pavés
sont jolis
un jeune homme
me demande
si ça mord
les petits
les petits vers
qui racontent
les pigeons, les vélos
les histoires et les contes
les voitures, les motos

Quand je suis seul
Je ne suis jamais
Seul
Je pense à tellement
Tellement de monde,
De gens
Vivants ou morts
Enfants vêtus de lin
Et d'autres de linceuls

La vie pour tous chacun pour soi

Chanson,
une valse brune (18 vers)

Le bien et le mal
Valsent enlacés
La piste de bal
n'est jamais lassée
Elle monte et descend
Avec des lacets
Des flaques de sang
De profonds fossés
Des tours infernales

Le bien et le mal
N'y voient aucun mal
Les yeux dans les yeux
Ils tournent gracieux
Jamais un tournant
Ne leur fut fatal
Au bal des Tourments
Valsant sous un grand
Lustre de cristal

Pipol

On n'est pas du peuple
On est du people
On vit dans les meubles
De Andy Warhol
On est du pipol
C'est pas du pipeau
Pour se coucher star
Faut se lever tôt

Griot (28 vers)

Un griot me dirige
Dans sa haute voltige
Je deviens son singe-pensée
Un griot me dirige
Je lui tends mes tiges
Qu'il les sirote à ma santé
Un griot me dirige
Vais-je rompre la tige
Où il me tient si haut perché ?
Suis pris de vertige
Un griot me dirige
De son mince doigt de pygmée.
Un griot me pigmente
Me tatoue, me charpente
Me peinturlure de blanc, de vert
Endroit et envers
Un griot me grise
De ses mots choisis
Sa fumée grise
Mais pas l'incendie

L'incendie du verbe
Que j'ai tant cherché
En brûlant les herbes
Ces mèches éméchées.
Un griot me dirige
Je me confie à lui
S'il me fait la pige
Tant mieux pour moi, merci.

Je suis un cerveau lent
dans le vent de l'histoire
De mes voiles sans gloire
j'en ai plein les haubans

Dans le dernier trou
Hein, qu'y trouverai-je ?
Un nouvel égout ?
Un flocon de neige ?
La clé du grimoire ?
Un trou de mémoire ?

Ici

Le ciel est d'un bleu tendre, diaphane
Avec un peu de rose aussi, qui se dissout
Il colore un pays taillé dans du Cézanne
Avec, comme des gammes, juste dessous
Les tuiles emboîtées d'un village cubiste
Que n'eût pas renié Derain
Là-haut, dans les buissons, le regard suit des
pistes
Où les Cathares allaient et venaient, sereins

Ici, en février, l'hiver rend déjà l'âme
Et le vent Karajan se terre on ne sait où
Houle de schistes, de grès et vastes lames
De calcaire, ici, jadis, la mer recouvrait tout
Ce n'était qu'une immense toile mouvante
Le peuple des poissons la trouvait émouvante

Tout ce que je vous dis est vu d'une croisée
C'est trop beau, la beauté, mais on peut la
croiser

La beauté du Réel, ce peintre inégalable
Son œuvre, on n'en verra jamais les dessous
Combien est-il coté ? Est-ce encore abordable ?
C'est bien au-dessus des sous

Corrida-Croquignole

Dans les corridors d'une corrida,
Un matador d'or.
Debout, on dirait qu'il dort
Appuyé à la palanquère.
Il se sent très las
Il n'est plus là,
Le voilà qui dérape
Et pleure sous cape
Et puis, tenez-vous bien
Devant tous il éteint
Son habit de lumière
Va devant les gradins
Prend le taureau par les cornes
Et dans la stupéfaction énorme
Ils s'en vont tous les deux
Les yeux dans les yeux
Pas peu fiers d'eux
Couler des jours heureux
Dans les paisibles plaines
Loin des haleines madrilènes

C'est tout un poème
Chanter sans un mot
Je reste sans mot
Devant ce poème
Le silence est plein
D'un petit oiseau
Qui me dit : je t'aime
Ah chanter, chanter
Chanter à la brise
Sans dire un seul mot
Comme devait chanter
Saint François d'Assise

Chant

Berroy

I

C'est un pauvre cheval
Aux sabots de cristal
Au moindre galop il se fêle
C'est un pauvre cheval
Anglo-arabe bancal
Berroy, Berroy il s'appelle

Berroy ça fait chevalerie
Avec armoiries sur les bords
Un prince noir et blanc qui ripe
Avant le tournoi du Drap d'Or.
Le coursier dans son écurie
Chie sur la paille son crottin
Confiant en son destin : le mors

II

C'est un pauvre cheval
Un cristal de pur-sang
Un vrai Pégase au bal
Des naseaux frémissants.
Il ne lui manque que les ailes
Berroy, Berroy il s'appelle

Berroy, un grand anglo-arabe
De neige tacheté de gris
J'ai acheté ce Mistigri
Pour une écuyère adorable
Ça sent le cuir, l'herbe, le sable
J'adore la cavalerie
Berroy monté par ma chérie

III

C'est un pauvre cheval
Il est mort maintenant.
Il aimait me manger
Des carottes dans la main
Berroy, Berroy il s'appelle
Je le revois, je me rappelle

La mince Dulcinée le selle
Pour des chasses au long cours
Dans des forêts de violoncelles
Il hennit comme un troubadour
Secoue sa robe de dentelles
Ô Berroy, beau cheval
Es-tu mort pour toujours ?

« — Les tombeaux ferment mal
Quand on est un cheval
Aux sabots de cristal
Berroy, Berroy je m'appelle »

Sur mon chemin

I

Sur mon chemin
Ah ! ça commence bien
Je rencontre d'abord
un mille-pattes unijambiste
avec un air triste
(on le serait à moins)
et ensuite
une grenouille de piscine
marchant enlacée
à un crapaud de bénitier
— pas de commentaire.
Tenez-vous bien
ça ne fait que commencer.
Sur mon chemin
je rencontre, après, un platane
se mordant les racines
parce qu'il avait fait un mauvais pari

avec une platine
En ruines il était.

II

Ensuite je rencontre une église folle de son corps
qui sonne les cloches
à Saint-Exupéry, pauvre petit !
C'est pas tout.
Poursuivons ma route
je tombe sur une usine
exhibitionniste
qui se met nue ! cléaire clés en main
Comme je te le dis

Fatigué par tant de rencontres
je veux roupiller au creux d'un fossé
et qui je rencontre ?

III

Le Hasard en personne
déguisé en clochard
Allongé dans l'herbe
auprès d'une merde,

il me dit, acerbe,
— Enfin ! Te voilà !
Tu as vu la montre ? ?
Alors ? tu racontes
tes jolies rencontres
le long du chemin,
au gré de ta route ?
Te fatigue pas,
tu les connais toutes
j'ai pas de mérite ;
c'est même enfantin :
elles sont écrites
au creux de ma main.
Cela dit, gamin,
on casse la croûte,
et j'ai du bon vin,
au bord du chemin

« Le hasard est une loi
Qui voyage incognito »
A dit un poète arabe
Dans ces quatorze syllabes
On reconnaît aussitôt
Une sentence admirable.
Le hasard même cruel
N'exécute qu'un silence
Qui lui désigne sa cible.
Pour prononcer l'indicible
Il suffit d'une cadence,
Temple toujours actuel.
Je voudrais changer de chaînes
Mais le hasard ne veut pas
Faut le suivre pas à pas
Dans son désert, ses fontaines
Obéir à ses diktats
Au silence de sa loi

Cocteau, prête-moi ta pipe
Pour une bouffée ou deux
Dans mon concert pancréatique
Je sens que mes os se font vieux
Dans ton blanc peignoir, toi tu flottes
Sur un tapis d'espace-temps
Regarde, je te tends la menotte
Une petite bouffée, Jean
J'irai peut-être vous rejoindre
Mes morts à jamais vivants.
En fait d'opium, je ne vois poindre
Que ces tuyaux où l'on me pend
Pendant des heures, ah ! les vaches…
Cocteau où est ton port d'attache
Dans le nuage éblouissant.

Pour l'amour de l'amour
Ses monts et merveilles
Bien que j'étais pour
J'ai pas fait merveille
Pour l'art de l'amour
Trop de coq et d'ergots
Perchés sur son ego
Pour l'art de l'amour
Ses monts et merveilles
Bien que j'étais pour
J'ai pas fait merveille

Pour l'amour de l'art
Autre paire de manches
Ça fonce dans le lard
Ça coupe et ça tranche
Pour l'amour de l'art
J'étais trop fêtard
Flemmard le dimanche
Quand l'amour de l'art

Se retrousse les manches
Je faisais la manche
Mendiant de hasard

Adieu amants, génies, apôtres,
j'aurais aimé être des vôtres
que dire d'autre ?

Jusqu'ici j'avais rencontré la femme de ma vie
Aujourd'hui,
J'ai rencontré la femme de ma mort

La femme de ma mort
Car c'est elle qui me fermera les yeux
Je le sais, je le sens
Elle qui recueillera le dernier soupir
De mon sang
La femme de ma mort

Un jour, un soir, un siècle
Mes yeux dans ses yeux
Je lui déverserai la dernière gerbe d'or
Le dernier message de mon âme
Avant le passage où l'on dort
La femme de ma mort
Ensuite, sous l'horloge des nouveaux temps
Je l'attendrai patiemment…
Peut-être avec des violettes

Les tournesols
Penchent du col
La fin est proche
Adieu Soleil
Bonjour sommeil
Aux lourdes cloches.
Fermez les yeux
Ouvrez les cieux
Bel épilogue : Dieu,
C'est Van Gogh

C'est dit

Ce qui est dit est dit
Pardonne-moi mon frère
Ta plume et le papier ne font pas l'affaire
L'enfer ni le paradis
D'ailleurs les paradis des poètes maudits
Sentent souvent le soufre
Ça n'a rien de marrant un va-nu-pieds qui souffre
Mis à part quelques-uns où la beauté s'engouffre
Pareille à un repas qui n'aurait pas de prix
Quand j'entends « Foire de la poésie »
Tout à coup, ça me coupe le souffle
L'athlète transformé en marchand de pantoufles
Tous ces cul-culs cui-cui qui libèrent leurs vers
— Les vers libres de n'être pas des vers —
Disait Audiberti, colosse aux pieds d'Argile
Mais les pieds de vos vers, Hugo, Cocteau, Virgile

Marchaient mieux sur les flots que dans les librairies
Ce qui est dit est dit
La poésie c'est dire
C'est dire avec sa voix, sa capricieuse lyre
Ton visage de neige à travers l'incendie
Voyager dans sa voix, pourquoi pas, jeter l'encre
Dans le port clapotant des cancres
C'est jeter ses filets dans le sang de son encre
Y a pas d'autre parti
Ce qui est dit est dit

Paris, 2003

Note

Les deux poèmes « Berroy » et « Ici » ont fait l'objet d'une première publication dans *L'Ivre d'images*, aux éditions Le Cherche-Midi, en 2002.

Composition Interligne.
Achevé d'imprimer
par l'Imprimerie Floch
à Mayenne, le 5 mai 2006.
Dépôt légal : mai 2006.
Numéro d'imprimeur : 65762.
ISBN 2-07-078096-1 / Imprimé en France.

144355